BEI GRIN MACHT SICH IHR WISSEN BEZAHLT

AF153946

- Wir veröffentlichen Ihre Hausarbeit,
  Bachelor- und Masterarbeit

- Ihr eigenes eBook und Buch -
  weltweit in allen wichtigen Shops

- Verdienen Sie an jedem Verkauf

Jetzt bei www.GRIN.com hochladen
und kostenlos publizieren

Implementierung und Changemanagement. Strategischer Wandel bei der Gesundheits- und Medizintechnik AG

Dominik Conrad

Bibliografische Information der Deutschen Nationalbibliothek:

Die Deutsche Nationalbibliothek verzeichnet diese Publikation in der Deutschen Nationalbibliografie; detaillierte bibliografische Daten sind im Internet über http://dnb.d-nb.de abrufbar.

ISBN: 9783346360885
Dieses Buch ist auch als E-Book erhältlich.

Deutsche Hochschule für

Prävention und Gesundheitsmanagement

Hermann Neuberger Sportschule 3

66123 Saarbrücken

Einsendeaufgabe

Fachmodul:	Strategisches Management II
Studiengang:	MBA Sport-/Gesundheitsmanagement
Datum Präsenzphase:	23.11.2020 - 26.11.2020
Name, Vorname:	Conrad, Dominik
Studienort:	**Saarbrücken**
Semester:	**SS 2020**

Inhaltsverzeichnis

1 Bodo Müllers Plan

1.1 Gründe für den Wandel

Bodo Müller ist Marketing Direktor der Abteilung Vertrieb bei der Gesundheits- und Medizintechnik AG und möchte einen strategischen Wandel initiieren. Folgende Gründe stehen für einen Wandel:

- Das Gesundheitswesen hat sich verändert. Neben der Qualität der medizinischen Versorgung wird für die Krankenhäuser ein wirtschaftliches und ökonomisch effizientes Handeln immer wichtiger. Ein Paradebeispiel hierfür ist der Wandel der Entscheidungsträger für die Anschaffung medizinischer Geräte. Bis vor ein paar Jahren war es Aufgabe der Krankenhausärzte, den Bedarf und die Beschaffung der Geräte zu managen. Abgesegnet wurde lediglich das Budget von der Krankenhausadministration. Heutzutage liegt die Einkaufsentscheidung, vor allem auch aus ökonomischen Gründen, immer häufiger bei der Administration und Einkaufsabteilung der Krankenhäuser.

- Die Investitionen in medizinische Geräte in Deutschland nehmen nicht mehr zu. Dies liegt unter anderem an der geteilten politischen Meinung, man müsse weiteren Erhöhungen der Gesundheitsausgaben entgegenwirken. Weitere Gründe hierfür sind das niedrige BIP-Wachstum, das geringe Bevölkerungswachstum und die „sowieso schon hohen Ausgaben" im Segment der medizinischen Geräte.

- Durch die niedrige staatliche Finanzierung der Krankenhäuser werden eher bestehende medizinische Geräte instand gehalten als in neue Geräte zu investieren. Politische Diskussionen über Gesundheitsreformen scheinen auch in Zukunft weitere Investitionen zu unterdrücken.

Schulte-Zurhausen (2010, S. 339) unterscheidet hierbei grob in interne und externe Ursachen, die für einen Wandel sprechen. Bei den drei oben genannten Punkten handelt es sich um externe Ursachen. Das Umfeld um die Gesundheits- und Medizintechnik AG verändert sich (neue Entscheidungsträger, mehr Instandhaltung und weniger Neubeschaffung, niedrigere staatliche Finanzierung der Krankenhäuser, ...) und Bodo Müller möchte hierauf mit einem strategischen Wandel reagieren.

1.2 Aspekte des Strategiewandels

Folgende drei Aspekte beinhaltet der Plan zum Strategiewandel von Bodo Müller:

- Die Marketing- und Vertriebsstrategie sollte sich grundlegend ändern. Bisher wurde das Marketing auf die Bedürfnisse der Krankenhausärzte ausgerichtet. Aufgrund des Wandels der Entscheidungsträger sollte das Marketing nun an die Bedürfnisse und Herausforderungen des C-Levels (CEO, CFO, CIO, u.w.) angepasst werden. Dabei muss das so genannte „C-Level Marketing" für alle sieben Unternehmenseinheiten/Produktlinien gemeinsam durchgeführt werden. Hierfür betreibt Bodo Müller Überzeugungsarbeit, damit die sieben Marketing Vizepräsidenten einen kleinen Teil ihres Budgets in C-Level Marketing investieren.

- Das Erscheinungsbild von einem technologie- und ingenieurorientierten Unternehmen sollte sich wandeln. Das Unternehmen soll in Zukunft für ganzheitliche Lösungen stehen, welches die allgemeine Effizienz der Krankenhäuser verbessern kann. Dies ist begründet, durch das verstärkte Effizienz-Denken der Krankenhäuser.

- Beim vierteljährlichen Treffen im Rahmen eines Marketing-Boards, zeigte Bodo Müller die harten Fakten seines Vorhabens auf. In einer Präsentation illustrierte er durch Tabellen und Grafiken die Zahlen und Fakten. Ziel war es, die Lücke des bisher noch nicht genutzten C-Level Marketings aufzuzeigen und Möglichkeiten zu liefern, diese nutzbar zu machen. Dieses Vorhaben wurde, durch die Idee der Einführung einer kleinen, geschäftsübergreifenden Projektgruppe, nochmals unterstrichen. Diese neu geschaffene Arbeitsgruppe sollte Ideen für das C-Level Marketing in Deutschland erarbeiten und die Unterstützung aus allen Unternehmenseinheiten sicherstellen.

1.3 Barrieren und Widerstände

Nach Müller (2010, S. 215) liegen die Gründe für Widerstände gegenüber Veränderungen, und im weiteren Sinne dem Strukturwandel, neben den tiefsitzenden Strukturen, Prozessen und der Unternehmenskultur, auch in den Individuen selbst.

Eine mögliche Barriere könnte das fehlende Marketingbudget sein. Die meisten Unternehmen haben ein strikt durchgeplantes Jahresbudget für das Marketing. Bodo Müllers Wandel ist jedoch bisher nicht eingeplant und es müssten zusätzliche Geldmittel für den initiierten Strategiewandel fließen. Diese zusätzlichen Kosten aufzuwenden könnte eine Barriere auf Ressourcen-Ebene darstellen.

Ein weiteres Problem könnte der bisher fehlende Informationsfluss im Bereich Marketing sein. Jede der sieben Unternehmenseinheiten arbeitet im Bereich Marketing unabhängig voneinander und wird durch einen Vizepräsident-Marketing direkt angeleitet. Im neu geschaffenen Projekt des C-Level Marketings müssten nun erstmals alle beteiligten Marketing-Mitarbeiter zusammenarbeiten. Hierbei könnten diverse Probleme, wie beispielsweise verschiedene Arbeitsweisen und Zeitabläufe, Barrieren darstellen.

Weitere Widerstände könnten, neben der organisationalen Ebene, auch auf individueller Ebene stattfinden (Picot et al., 2012, S. 530). Durch das Umstrukturieren der Gesundheits- und Medizintechnik AG könnten einige (Marketing-)Mitarbeiter eine neue (oder abgeänderte) Position erhalten. Hierbei gehen bisher erlernte Routinen verloren und dies könnte bei einigen Mitarbeitern ein Gefühl von Unsicherheit und Angst vor Neuem hervorrufen. Als letztes sind nach Picot et al. (2012, S. 531) die verdeckten Widerstände zu bedenken. Hierbei könnte sich ein verdeckter Widerstand durch Lustlosigkeit und Desinteresse äußern. Vorstellbar wäre, dass bei der Erarbeitung neuer Ideen für das C-Level Marketing, diese verdeckten Widerstände auftreten und kein Fortschritt erzielt wird.

2 Change Management

2.1 Gründe für Scheitern

Der Change-Management Experte Kotter entwickelte das, aus den 90iger Jahren stammende, Acht-Schritte-Erfolgsmodell entscheidend weiter. Nachfolgend werden anhand des 8-Stufen Modells nach Kotter (Reisinger et al., 2013, S. 190) die Gründe für das Scheitern des Strukturwandels von Bodo Müller erläutert.

Zu Stufe 1: Bodo Müller machte die Wichtigkeit seines Strategiewandels zwar klar, jedoch wurde das Bewusstmachen einer klaren Chance versäumt. Die Reaktionen aus dem Meeting waren im Allgemeinen positiv, jedoch wurde bei den Beteiligten keine ausreichende Dringlichkeit erzeugt. Man sollte das Thema erst einmal „überprüfen" oder „anstoßen", heißt es. Ein weiteres Indiz hierfür ist die Zögerlichkeit beim Einräumen eines Budgets.

Zu Stufe 2: Bodo Müller stellte zwar ein Team zusammen, jedoch nicht wirklich auf freiwilliger Basis. Es war mehr eine Gefälligkeit für den Kollegen Müller. Er sprach die neue

Arbeitsgruppe ausschließlich bei allen Marketing-Vizepräsidenten an und verringerte somit die Wahrscheinlichkeit, mehr Freiwillige zu akquirieren. Bodo Müller versendete Einladungen für ein Kick-off-Meeting, jedoch ist nicht bekannt wer diese alles erhalten hatte. Des Weiteren wurde keine klare Führung/Administration für das Projekt festgelegt und somit ergriff niemand außer er selbst die Initiative, das Projekt weiter voranzutreiben.

Zu Stufe 3: Es wurde von Bodo Müller keine klare Vision geschaffen. Er sprach die Botschaft: „Es muss etwas unternommen werden." aus. Diese Botschaft bietet jedoch keinerlei greifbaren Inhalt. Den Teilnehmern wurde kein Leitbild vorgelegt, welches die Richtung für das Projekt angibt. Außerdem wurde die Aufgabe der Visionsentwicklung (durch die fehlende Führung) auch keinen weiteren Personen zugeteilt.

Zu Stufe 4: Auch hier tritt die Problematik der fehlenden Vision auf. Da keine Vision vorhanden war, konnte diese auch nicht weitergegeben werden. Es wurde von Bodo Müller keine Strategie kommuniziert, an welche sich die Beteiligten halten können. Die Skepsis um Bodo Müllers Strukturwandel wuchs. Dies zeigte sich vor allem nochmals durch die An- bzw. Abwesenheit und die fehlende Akzeptanz beim Kick-off-Meeting.

Zu den Stufen 5-8 nach Kotter (Kotter, 2015, S. 90-91) ist zu sagen, dass hier noch wenig, bis keine Anwendung stattgefunden hat. Von kurzfristigen Erfolgen ist keine Rede, nur vom geringen Fortschritt der Arbeitsgruppe. Zu weiteren Schritten ist es, durch den sehr kurzen Bestand der neuen Arbeitsgruppe, noch nicht gekommen.

2.2 Veränderungen meistern

In nachfolgender Tabelle (Tab.1) wird das 8 Beschleuniger Modell nach Kotter (Kotter, 2015, S. 88-91) auf die konkrete Situation von Bodo Müller übertragen. Hierbei wird dargestellt, wie der Wandel entsprechend umgesetzt werden müsste, um erfolgreich zu sein.

Tab. 1: 8 Beschleuniger Modell am Beispiel Bodo Müller

Stufe und Beschleuniger nach Kotter (Kotter, 2015, S. 88-91)	Übertragung auf die Situation von Bodo Müller
Stufe 1: Gefühl der Dringlichkeit für eine bedeutende Chance wecken	Bodo Müller hätte die Chancen des Strukturwandels direkt aufzeigen müssen. Er hätte schon während seiner Präsentation beim Marketing-Board die Dringlichkeit erzeugen müssen, etwas zu ändern. Denkbar wäre gewesen, direkt mit den anwesenden Vizepräsidenten-Marketing die Chancen auszuarbeiten. Hierdurch hätte man direkt Eigeninitiative und Motivation für das Projekt erzeugen können.
Stufe 2: Aufbau und Pflege einer lenkenden Koalition	Er hätte in allen sieben Unternehmenseinheiten und Hierarchiestufen für seinen Strukturwandel „werben" müssen. Durch regelmäßige Informationen hätten sich Mitarbeiter freiwillig gemeldet, sich dem Projekt anzuschließen. Außerdem würden diese Freiwilligen durch den Zuspruch ihrer jeweiligen Vizepräsidenten-Marketing bestärkt werden, da diese bereits eine Dringlichkeit empfinden. Durch verschiedenste Kompetenzen bildet sich eine Koalition, welche durch hierarchiefreie Ordnung einen schnellen Informationsfluss gewährleisten kann. Jeder sieht sich als Teil des Ganzen und die strategische Initiative wird eingeleitet.
Stufe 3: Formulierung einer strategischen Vision und Entwicklung von Change-Initiativen	Bodo Müller hätte von Anfang an eine konkrete Vision entwickeln müssen. Jeder Mitarbeiter der Arbeitsgruppe muss diese Vision verinnerlicht haben und nach ihr arbeiten. Um das Ganze auf die Gesundheits- und Medizintechnik AG abzustimmen, müsste Bodo Müller sich mit der Führungsebene kurzschließen und Anmerkungen dieser zur Verbesserung nutzen. Durch die klar formulierte Vision, welche die zukünftige Markt- und Kundenorientierung verdeutlicht, würde ein Leitbild für das gesamte Projekt geschaffen werden.
Stufe 4: Kommunikation der Vision und der Strategie, um Unterstützung und Freiwillige zu gewinnen	Durch eine transparente Kommunikation der Vision und der Strategie innerhalb des Unternehmens, würde das Interesse am Projekt stetig steigen. Da alle Projektmitarbeiter die Vision ehrlich rüberbringen könnten, würde die Skepsis gegenüber dem Projekt minimiert werden. Des Weiteren könnte ein Vizepräsident-Marketing als „Visions-Beauftragter" eingesetzt werden, um innerhalb der Arbeitsgruppe und des Unternehmens die Akzeptanz zu wahren und zu stärken.
Stufe 5: Beseitigung von Hindernissen, um ein rasches Vorankommen zu ermöglichen	Den Mitarbeitern in Bodo Müllers Projektgruppe muss Handlungsfreiraum zugesichert werden. Unvorhergesehenes kann so schnell aus dem Weg geräumt werden, ohne erst ein Problem darzustellen. Trotz allem müssten bestimmte Sachverhalte mit der Hierarchie abgeklärt werden, jedoch ohne die Ideenfreiheit zu unterdrücken. Auch könnte die Arbeitsgruppe ein eigenes Problem-Management einführen, welches mit anderen Abteilungen des Unternehmens gekoppelt ist. Hierdurch können Beschwerden und Hindernisse schnell aus dem Weg geräumt werden und die Abteilungen profitieren von ihrem Wissen untereinander.

Stufe und Beschleuniger nach Kotter (Kotter, 2015, S. 88-91)	Übertragung auf die Situation von Bodo Müller
Stufe 6: Zelebrieren von schnellen bedeutenden Erfolgen	Bodo Müller sollte regelmäßige Team-Meetings für die Projektgruppe einführen. In solchen Meetings werden Erfolge gelobt, die Gründe für Misserfolge erörtert und hierfür direkt Lösungen entwickelt. Das Festlegen von smarten und individuellen Zielen sichert (kleine und große) Erfolge! Weiter gehören hierzu Feedbackgespräche für die Gruppe, sowie individuelle Einzelgespräche für die Mitarbeiter.
Stufe 7: Nicht nachlassen, stets weiter lernen und nicht zu früh den Sieg ausrufen	In den regelmäßigen Meetings sollte außerdem das Geschehen des Geschäftsumfeldes aufgegriffen und bearbeitet werden. Da sich der Markt ständig ändert, könnten so weitere „Lücken" schnell erkannt werden. Allen voran sollte die Projektgruppe die weiteren Veränderungen des Gesundheitswesens, im Speziellen der Krankenhäuser, im Auge behalten. Die Ansprüche des C-Level Marketings, als neuster Zweig des Unternehmens, sollten ständig analysiert und angepasst werden, um weiterhin einen Wettbewerbsvorteil darzustellen.
Stufe 8: Institutionalisierung des strategischen Wandels in der Unternehmenskultur	Das Projekt des C-Level Marketings sollte grundlegend in das Unternehmen integriert werden. Es ist von nun an fester Bestandteil der Gesundheits- und Medizintechnik AG und wird als achte Unternehmenseinheit angesehen. Die Abteilung des C-Level Marketings wird in die Unternehmensmatrix eingepflegt und arbeitet parallel zu den anderen Vertriebsabteilungen. Die Unternehmensvision und -mission wird erfolgreich in der Abteilung vorangetrieben und so den gewünschten Erfolg langfristig sichern.

3 Strategieimplementierung

3.1 Durchsetzung

Angenommen wird nun, dass Bodo Müller seine Strategie implementieren darf. Die erste Teilphase hierzu beschreibt die Durchsetzung. Diese reflektiert die Akzeptanz der Strategie. Hierbei stehen anfangs vor allem verhaltensbezogene Aufgaben im Vordergrund. Folgende Maßnahmen wurden für die Durchsetzung der Strategie beschlossen:

- Eine Maßnahme ist die Durchführung von Schulungen, die den Mitarbeitern das Know-How gibt, weshalb durch die Produkte der Gesundheits- und Medizintechnik AG die Effizienz der Krankenhäuser verbessert wird. Zum einen werden durch entsprechende Fortbildungsmaßnahmen Ungewissheiten gegenüber Neuem abgebaut und das Umsetzen der Strategie gefördert (Welge & Al-Laham, 2012, S. 808), und zum anderen steigt die Verhandlungskraft gegenüber dem C-Level.

- Durch das Einführen eines Konfliktmanagements, können Konflikte frühzeitig erkannt, gelöst und im weiteren Verlauf nutzbar gemacht werden (Welge & Al-Laham, 2012, S. 809). Das Konfliktmanagement beinhaltet unter anderem das Durchführen von Meetings, um auf sachlicher und neutraler Ebene Unstimmigkeiten auszutragen und Lösungsmöglichkeiten auszuarbeiten. Gerade durch die Umstrukturierung entstehen schnell Meinungsverschiedenheiten, die ausgetragen werden müssen, um Willensbarrieren präventiv entgegenzuwirken.

- Als Implementierungsstil wird das Partizipationsmodell nach Welge & Al-Laham (2012, S. 809-811) eingeführt. Die Gesundheits- und Medizintechnik AG bringt in ihren Unternehmenswerten zum Ausdruck, dass vor allem durch gemeinsames Arbeiten, bei dem jeder Einzelne gefragt ist, der langfristige Unternehmenserfolg gesichert wird. Das Partizipationsmodell ist das passendste Modell für das Unternehmen, da hierdurch gesichert wird, dass die obere, wie auch die untere Führungsebene, am Implementierungsprozess gleichermaßen teilhaben können. Durch die dadurch erzeugte erhöhte Kreativität der Mitarbeiter, entsteht ein größerer Pool an Informationen und die Motivation wird aufrechterhalten. Ebenso wird die Akzeptanz gesichert, da mehr Mitarbeiter an der Strategieformulierung und -implementierung mitwirken können.

3.2 Umsetzung

Der nächste Teilschritt, die Umsetzung, beschreibt konkrete Maßnahmen, um die Strategie umzusetzen und „mit Leben zu füllen".

- Als erster Punkt einer Transformation nach Haake & Seiler (2012, S. 129-138) wird die konkrete Planung der eigenen Abteilung für das C-Level Marketing, am Standort Wien, durchgeführt. Die Büroräume der Gesundheits- und Medizintechnik AG sollen so umgebaut werden, dass der Marketingzweig hier bestens arbeiten kann. Die AG legt außerdem fest, in wie viel zusätzliche Ausstattung hierfür investiert wird und bis wann die Umstrukturierung erfolgt sein soll.

- Des Weiteren wird im Rahmen der Anpassung der Grundsatz „structure follows strategy" verfolgt, um das Marketing zu restrukturieren. Durch eine Divisionalisierung (Welge & Al-Laham, 2012, S. 797) wird die Unternehmenssparte „C-Level Marketing" eingepflegt. Die bisher unabhängig voneinander arbeitenden Marketing-Teams der sieben Unternehmenseinheiten, die geographisch getrennten

Vertriebsabteilungen und die C-Level Marketing Abteilung, stehen von nun an im engen Austausch und minimieren das „Denken in Sparten". Durch diese Reorganisation profitiert die Marketingabteilung als Ganzes von den unterschiedlichen Kompetenzen und Erfahrungen.

- Um das Unternehmenspotenzial der „Managementsysteme" nutzen zu können, wird ein Planungs- und Kontrollsystem eingeführt (Bamberger & Wrona, 2012, S. 481-482). Dieses dient, neben dem Aufzeigen des aktuellen Standes der Implementierung, auch als Frühwarnsystem. Denkbar wäre hier das Auswerten von verschiedenen Marketing Daten und Kennzahlen, wie beispielsweise der Conversion Rate, als Erfolgspotenzial von Kampagnen. Da das Durchführen von Marketing, adressiert an das C-Level, ein neuer Prozess ist, sollte dieses ständig verbessert werden, um nachhaltig erfolgreich sein zu können. Als Basis zum Vergleich könnten unter anderem frühere Marketing-Auswertungen dienen, die an die Krankenhausärzte adressiert waren.

4 Balanced Scorecard

Bei einer Balanced Scorecard handelt es sich um ein strategisches Managementsystem. Der Unterschied zu anderen Controlling- oder Kennzahlensystemen liegt in der Berücksichtigung von monetären als auch nicht monetären Größen, kurz- und langfristigen Zielen, sowie vergangenheits- wie auch zukunftsorientierten Indikatoren (Bamberger & Wrona, 2012, S. 382). Hierbei fungiert es für Unternehmen, neben dem Controllingsystem, auch als Kontrollsystem. Die Besonderheit der Balanced Scorecard sind die Verknüpfungen von Zielen, Strategien und Maßnahmen durch sogenannte Ursache-Wirkungs-Beziehungen, welche den Handlungsrahmen des Managementprozesses zur Strategieumsetzung bilden (Nagel & Wimmer, 2009, S. 326). Diese Beziehungen werden, wie nachfolgend dargestellt, durch Ursache-Wirkungsketten zum Ausdruck gebracht.

4.1 Ursache-Wirkungskette

In nachfolgender Abbildung (Abb. 1) wird die Ursache-Wirkungskette zur Implementierung der Strategie von Bodo Müller aufgezeigt. Es handelt sich hierbei um eine eigene Darstellung, erzeugt durch Microsoft Excel.

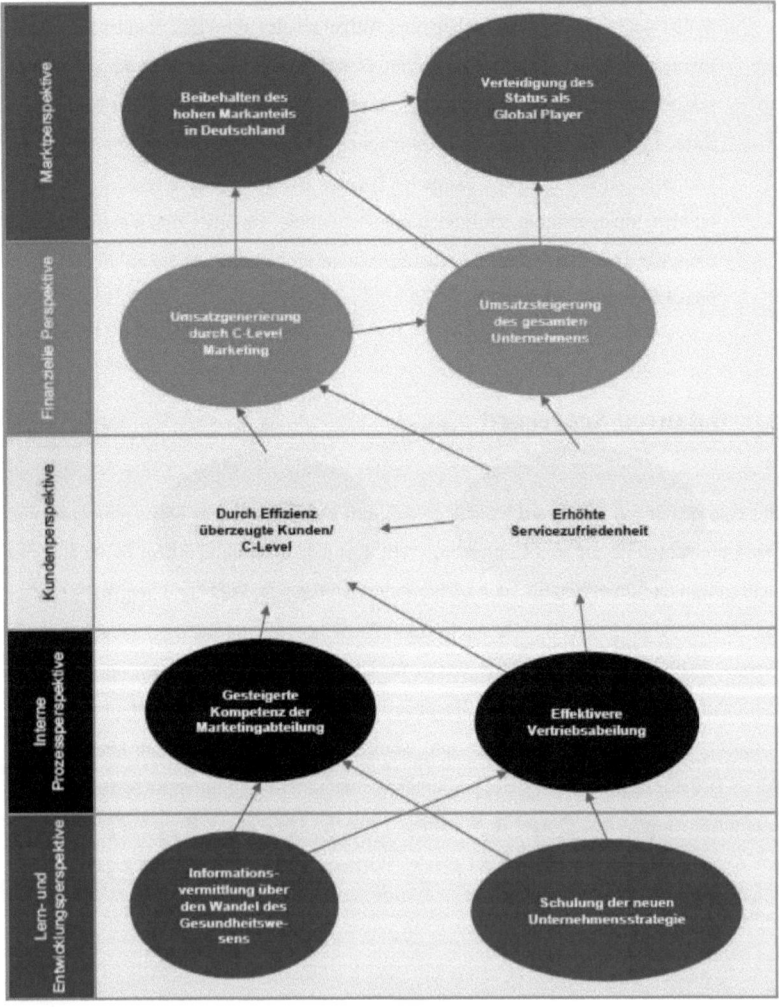

Abb. 1: Ursache-Wirkungskette Strategieimplementierung (eigene Darstellung)

Zusätzlich zu den vier klassischen Perspektiven wurde die Marktperspektive hinzugefügt. Hierbei wird die Stellung der Gesundheits- und Medizintechnik AG auf dem Markt der Gesundheitsindustrie dargestellt.

4.2 Festlegung Ziele, Kennzahlen, Vorgaben und Maßnahmen

In nachfolgender Tabelle (Tab. 2) wurden für jede Perspektive jeweils ein Ziel, eine Kennzahl, ein Zielwert und eine konkrete Maßnahme, zur Erreichung dieser, festgelegt. Diese Operationalisierung ermöglicht eine schrittweise Strategieumsetzung.

Tab. 2: Strategieoperationalisierung

Perspektive	Strategisches Ziel	Kennzahl/Maß-größe	Zielwert/Vor-gabe	Maßnahme/Aktion
Marktperspektive	Das Unternehmen bleibt eines der weltweit größten und bedeutendsten Lieferanten der Gesundheitsindustrie	Marktanteil in Deutschland	≥ 30% Marktanteil in Deutschland in den wichtigsten Produktkategorien	Bodo Müller wird zum Beauftragten für Change Management befördert. Durch seine Einführung eines konkreten Change Managements kann das Unternehmens frühzeitig Veränderungen des Marktes und der Kunden erkennen. Aufgrund kontinuierlicher Änderungs- und Transformationsfähigkeit wird das erfolgreiche Bestehen am Markt gesichert.
Finanzielle Perspektive	Das Unternehmen bleibt trotz des Wandels im Gesundheitswesen in guter wirtschaftlicher Lage	Umsatzrentabilität	Steigerung von aktuell 8% auf über 9% in 12 Monaten, bei einem Umsatz von weiterhin mindestens 8 Mrd. Euro jährlich	Durch effektiveres Marketing, adressiert an das C-Level, werden weiterhin hohe Umsätze generiert. Gleichzeitig werden durch die Reorganisation im Unternehmen Prozessabläufe optimiert und so unnötige Kosten eingespart.
Kundenperspektive	Nachhaltige Überzeugung der Kunden durch Qualität und Effizienz der Produkte	Wiederverkaufsquote	Mindestens 75% der Kunden kaufen innerhalb von 12 Monaten wieder beim Unternehmen	Zusätzliches Angebot von After-Sales-Services bei den Kunden. Hierbei werden Mitarbeiter entsandt, welche weitere Verbesserungsmöglichkeiten der produktbezogenen Effizienz in den jeweiligen Krankenhäusern aufzeigen.
Interne Prozessperspektive	Die Vertriebsabteilungen werden verbessert und auf Verhandlungsbesonderheiten mit dem C-Level vorbereitet	Reklamationsquote	Unter 2% aller vertriebenen Produkte werden reklamiert	Einführung einer zusätzlichen Vertriebs-Hotline, um die Kommunikationsqualität deutlich zu verbessern. Hierdurch wird der optimale Informationsaustausch zwischen C-Level und Unternehmen gewährleistet und die Vertriebsabteilung gestärkt.
Lern- und Entwicklungsperspektive	Bestmögliche Umsetzung der Unternehmensstrategie durch die Mitarbeiter	Mitarbeiterzufriedenheit, gemessen durch interne Umfragen	Mindestens 75% der Mitarbeiter liegen im Bereich „sehr zufrieden", d.h. 8-10 Punkte (bei einer Skala von 1-10, 10 das Beste)	Jeder Mitarbeiter ist dazu verpflichtet, in den nächsten 6 Monaten an mindestens 3 Informations- und Schulungsveranstaltungen teilzunehmen. Dabei werden unterschiedliche Termine angeboten, welche frei zu wählen sind.

5   Unternehmensethik

Im Folgenden wird die Aktiengesellschaft Nestlé S.A. (kurz: Nestlé) und ihr Umgang mit Unternehmenswerten näher beleuchtet. Beschrieben wird das öffentlich bekannte Problem/Skandal, dass Nestlé Wasser in anderen Ländern abpumpt und privatisiert.

5.1   Praxisbeispiel:

Nestlé steht immer wieder in der Kritik und sorgt für Skandale. Da das Unternehmen mit über 2.000 Marken in 190 Ländern vertreten ist, ist es weltweit präsent (Glose, 2019).

Ein öffentlich bekanntes Problem wird dabei immer wieder diskutiert. Das Unternehmen kauft weltweit Rechte an Wasser von staatlichen Wasserbehörden. Dies erlaubt es Nestlé, Wasser direkt aus dem Grundwasser abzupumpen. Das abgepumpte Wasser wird von Nestlé gereinigt und anschließend in Plastikflaschen abgefüllt und verkauft. Der, unter dem Namen „Nestlé Pure Life" bekannte, Geschäftszweig hat knapp 100 Produktionsstandorte in 34 Ländern. Hierzu gehören auch ärmere Länder in Afrika, wie beispielsweise Äthiopien, oder auch Pakistan (Glose, 2019).

Der größte Kritikpunkt hierbei ist folgender. Nestlé verdient Geld mit abgepumptem Wasser in Ländern, wo das Wasser ohnehin schon sehr knapp ist. In Ländern wie Südafrika herrschen Wasserkrisen, die somit zusätzlich verstärkt werden. Des Weiteren gilt für die Bürger dort eine „Wassersparstufe". Diese erlaubt es jedem Bürger, nur noch maximal 50 Liter Wasser am Tag zu verbrauchen. Und genau dort verkauft Nestlé das privatisierte Wasser für umgerechnet einen Euro pro Flasche (Glose, 2019).

Nestlé machte außerdem nach eigenen Angaben im Jahre 2018 einen Umsatz von rund 6,9 Milliarden Euro mit Wasserprodukten, das ist mehr als ein Zwölftel des Jahresumsatzes. Dieser hohe Umsatz wurde unter anderem durch die Erhöhungen der Preise, für abgefülltes Wasser, erreicht (Glose, 2019).

5.2 Unternehmenswerte

Nestlé präsentiert sich in der Öffentlichkeit durch eine ganze Palette von folgenden Unternehmensgrundsätzen (Nestlé Deutschland AG, 2020):

- Slogan „Good food, Good life"
- Langfristiger Unternehmenserfolg durch Bieten eines Mehrwerts für die Gesellschaft und Einhaltung der Rechte in allen Ländern
- Ökologisch nachhaltiges Handeln als zentrale Säule für langfristigen Erfolg, Einsatz erneuerbarer Ressourcen und abfallfreier Produktion sichert dies
- Die „Nestlé Compliance" setzt klare Prinzipien und eine starke Kultur für faires Geschäftsverhalten
- Die Unternehmensgrundsätze sind für alle Mitarbeiter verbindlich und die Einhaltung dieser wird regelmäßig geprüft
- „Unser Ziel ist es, die Lebensqualität unserer Kunden in aller Welt zu verbessern, indem wir leckere und gesündere Lebensmittel bieten und sie zu einem gesunden Lebensstil anregen." (Nestlé Deutschland AG, 2020)
- Verantwortungsvolle und verlässliche Kommunikation mit den Kunden, um sachliche Informationen über Produkte angeben zu können
- Achten der Grundsätze der Global-Compact-Initiative der Vereinten Nationen (UNGC) zu Menschen- und Arbeitsrechten
- „Wir tragen dazu bei, die landwirtschaftliche Produktion sowie den sozialen und wirtschaftlichen Status von Bauern und ländlichen Gemeinschaften zu verbessern und die Produktionssysteme zu optimieren, um ihre ökologische Nachhaltigkeit zu steigern." (Nestlé Deutschland AG, 2020)
- Mitarbeiter als Grundlage des Erfolgs, Chancengleichheit und Weiterbildung der Mitarbeiter, Respektvoller Umgang und Führung
- Sicherung von Gesundheit und Sicherheit am Arbeitsplatz
- „Wir verpflichten uns zu einer nachhaltigen Nutzung von Wasserressourcen und der permanenten Verbesserung unseres Wassermanagements. Wir sind uns bewusst, dass die Welt vor einem zunehmenden Wasserproblem steht und dass der verantwortungsbewusste Umgang mit den weltweiten Wasserressourcen durch alle Nutzer unabdingbar ist." (Nestlé Deutschland AG, 2020)

5.3 Wertebruch

Auch wenn sich Nestlé an alle rechtlichen Rahmenbedingungen hält, ist die Privatisierung von knappem Gut, wie Wasser, moralisch sehr bedenklich. Das Unternehmen möchte laut Unternehmensgrundsätzen einen Mehrwert für die Gesellschaft bieten. Zwar bietet Nestlé einen Mehrwert, indem es Wasser reinigt und somit trinkbar macht, jedoch wird dies scheinbar nur getan, um ökonomischen Nutzen hieraus zu ziehen. Dies wird ersichtlich durch den hohen Umsatzanteil, den die Wasserprodukte ausmachen und den steigenden Preisen für Wasserprodukte. Aus meiner Sicht wird somit der Grundsatz des Bietens eines Mehrwertes verletzt.

Weiterhin präsentiert sich Nestlé als ökologisch nachhaltig handelndes Unternehmen. Dies bezieht sich nicht nur auf das Verpacken und Verkaufen der Produkte. Im letztgenannten Punkt aus Kapitel 5.2 beschreibt Nestlé das nachhaltige Nutzen der Wasserressourcen. Das Unternehmen agiert jedoch auch in Ländern wie Südafrika, in welchen das Wasser schon so knapp ist, dass es eine tägliche Verbrauchsbeschränkung für die Bürger gibt. Hier noch zusätzlich Wasser abzupumpen sehe ich als moralisch verwerflich an und hat nichts mit einem Mehrwert für die Gesellschaft zu tun. Denn das ökonomisch motivierte zusätzliche Abpumpen von Wasser verschärft dies zusätzlich. Nestlé zieht Profit daraus, dass Bürger, die mehr als 50 Liter Wasser am Tag verbrauchen möchten oder müssen, praktisch gezwungen werden „Nestlé Pure Life" Wasser zu kaufen. Und damit verhilft das Unternehmen durch „Good Food (Water)" auch nicht zu einem „Good Life".

Des Weiteren ist ein Prinzip von Nestlé das Aufrechterhalten eines fairen Geschäftsverhaltens. Dieses wird durch die zusätzlich erzeugte Wasserknappheit und den damit verbundenen Kaufzwang von Wasserprodukten, klar in seiner Bedeutung verletzt. Geschweige denn von einer verbesserten Lebensqualität durch teuer angebotenes Wasser. Denn wenn durch bewusst herbeigeführte Knappheit eines überlebenswichtigen Gutes ein faires Geschäftsverhalten entstehen soll, sehe ich schwarz.

Nestlé ist sich laut seinen Grundsätzen der Wasserknappheit in der Welt bewusst. Jedoch wird dieses Problem durch das Handeln weder verbessert noch gelöst. Das Wassermanagement ist sicherlich gut und wird stetig verbessert. Jedoch scheint es so, als würde es nur dem Unternehmen nutzen, um noch mehr Wasser aus dem Grundwasser zu pumpen und die Lage der Menschen in wasserknappen Ländern auszunutzen.

Meiner Meinung nach versucht Nestlé durch gute Imagearbeit, den eigentlich Wertebruch zu verschleiern. Werte wie „einen Mehrwert für die Gesellschaft bieten", „Lebensqualität der Käufer verbessern" oder „Verantwortungsbewusster Umgang mit Wasserressourcen" werden zwar per se nicht gebrochen, jedoch in ihrer ursprünglichen Bedeutung stark missbraucht. Doch da Nestlé geschickt die „Rechte in allen Ländern" einhält, und sich kein Missbrauch von Arbeits- oder Menschenrechten beweisen lässt, kann das Unternehmen weiterhin die Knappheit des Gutes Wasser für den wirtschaftlichen Erfolg nutzen.

5.4 Konsequenzen:

Als Stakeholder bezeichnet man Personen/Personengruppen/Unternehmen, für die es aufgrund ihrer Interessenslage von Belang ist, wie es um ein anderes Unternehmen steht (Johnson, Scholes & Whittington, 2011, S. 185). Es handelt sich hierbei also um Anspruchsgruppen eines Unternehmens.

Die Stakeholder können in interne und externe unterschieden werden. Beispielhafte Anspruchsgruppen eines Unternehmens sind Eigentümer, Führungskräfte, Mitarbeiter, Kunden, Lieferanten, Fremdkapitalgeber, der Staat und die allgemeine Öffentlichkeit oder auch Geschäftspartner (Dillerup & Stoi, 2013, S. 119).

In nachfolgender Tabelle (Tab. 3) wird veranschaulicht, welche möglichen Konsequenzen aus dem nicht-wertekonformen Verhalten von Nestlé hervorgehen könnten.

Tab. 3: Konsequenzen der Stakeholder

Stakeholder	Mögliche Konsequenzen
Interne Stakeholder:	
Mitarbeiter	• Abwenden und Kündigen der Mitarbeiter, da Nestlé die vorgelebten Unternehmenswerte missbraucht • Die Arbeit im Unternehmen könnte als moralisch verwerflich gesehen werden und daher an Anerkennung verlieren • Da der „Sinn" der Arbeit verloren geht, sind Mitarbeiter demotiviert und erschöpft
Eigentümer/ Anteilseigner	• Anteilseigner möchten kein Geld „mit schmutzigen Geschäften" verdienen und verkaufen ihre Anteile • Daraufhin sinkt der gesamte Wert des Unternehmens und auch der Aktienwert kann sinken • Einzelne Eigentümer erkennen Wertekonflikt und streben einen Kurswechsel an, das Unternehmen beginnt sich langsam zu spalten
Externe Stakeholder:	
Kunden	• Kunden sind vom Handeln des Unternehmens entsetzt und entscheiden sich bewusst gegen den Kauf von Nestlé Produkten. Die Umsätze des Unternehmens beginnen zu sinken. • Kunden kaufen (Ersatz-)Produkte von Konkurrenten und die Macht im Markt und der Marktanteil sinken. • Ehemalige Kunden/Bürger üben öffentlich Widerstand aus, um die Vergehen des Unternehmens aufzeigen und das Unternehmen zur Beendigung dieser zu bewegen
Lieferanten	• Lieferanten wenden sich von Nestlé ab und beenden die Zusammenarbeit. Dies wiederum schadet dem Unternehmen und könnte sogar Konkurrenten (durch neue Geschäftsbeziehungen) stärken • Auch wäre es möglich, dass Lieferanten Druck ausüben, in dem Ware teuer verkauft wird • Lieferanten könnten Nestlé auch boykottieren und ohne Vorwarnung Lieferungen einstellen

6   Literaturverzeichnis

Bamberger, I. & Wrona, T. (2012). *Strategische Unternehmensführung. Strategien, Systeme, Prozesse* (2. Aufl.). München: Vahlen.

Dillerup, R. & Stoi, R. (2013). Unternehmensführung (4th ed). München: Vahlen.

Glose, J. (2019). *Warum Nestlé so unbeliebt ist.* Zugriff am 21.12.2020. Verfügbar unter https://www.handelsblatt.com/unternehmen/handel-konsumgueter/ lebensmittelkonzern-warum-nestle-so-unbeliebt-ist/26287122.html#:~:text= Weltweit%20kauft%20Nestl%C3%A9%20Wasserrechte%20von, (unterhalb%20der%20Erdoberfl%C3%A4che)%20abzupumpen.&text=Der%20 zenrale%20Vowurf%3A%20Dort%2C%20wo,ab%20%E2%80%93%20und%20 verdient%20Geld%20damit.

Haake, K. & Seiler, W. (2012*). Strategie-Workshop. In fünf Schritten zur erfolgreichen Unternehmensstrategie* (2., überab. und aktual. Aufl.). Stuttgart: Schäffer-Poeschel.

Johnson, G., Scholes, K. & Whittington, R. (2011). *Strategisches Management – Eine Einführung. Analyse, Entscheidung und Umsetzung* (Pearson Studium – Economic BWL). München: Pearson Studium ein Imprint der Pearson Education.

Kotter, J. P. (2015). Die Kraft der zwei Systeme. *Harvard Business Manager* (Spezial), 80-93.

Müller, H.-E. (2010). *Unternehmensführung. Strategien – Konzepte – Praxisbeispiele.* München: Oldenbourg.

Nagel, R. & Wimmer, R. (2009). *Systemische Strategieentwicklung. Modelle und Instrumente für Berater und Entscheider* (5., aktualisierte und erweiterte Auflage). Stuttgart: Schäffer-Poeschel.

Nestlé Deutschland AG. (2020). *Die Nestlé Unternehmensgrundsätze.* Zugriff am 21.12.2020. Verfügbar unter https://www.nestle.de/unternehmen/grundsaetze/ nestle-unternehmensgrundsaetze

Picot, A., Dietl, H. & Franck, E. (2012). *Organisation. Theorie und Praxis aus ökonomischer Sicht* (6. Aufl.). Stuttgart: Schäffer-Poeschel.

Reisinger, S., Gattringer, R. & Strehl, F. (2013). *Strategisches Management. Grundlagen für Studium und Praxis.* München: Pearson.

Schulte-Zurhausen, M. (2010). *Organisation* (5., überarb. und aktualisierte Aufl.). München: Vahlen.

Welge, M. K. & Al-Laham, A. (2012). *Strategisches management. Grundlagen – prozessimplementierung.* [S.I.]: Gabler.

7 Abbildungs- und Tabellenverzeichnis

7.1 Abbildungsverzeichnis

7.2 Tabellenverzeichnis

BEI GRIN MACHT SICH IHR WISSEN BEZAHLT

- Wir veröffentlichen Ihre Hausarbeit, Bachelor- und Masterarbeit

- Ihr eigenes eBook und Buch - weltweit in allen wichtigen Shops

- Verdienen Sie an jedem Verkauf

Jetzt bei www.GRIN.com hochladen und kostenlos publizieren